Para ti, que lo tienes todo y no lo sabes.

Para Lara, mi pequeña y original bibliotecaria.

Henor Valor

Para aquellos que apreciarros
el valor de las cosas sencillas.

Para mi bichito.
No dejes nunca de usar
esa imaginación que te hace única.

Cristina Vaello

Elia tiene cinco años y sabe muchas cosas.

Henar Valor

Cristina Vaello

Elia

Título original: «Elia»
Autora: Henar Valor Ángel
@valorcomoelchocolate
Diseño e ilustración: Mª Cristina Vaello Alumbreros
@cristina.vaello
Publicado por Editorial Gusanillo 2024
Redes sociales de la editorial: @editorialgusanillo
Página web de la editorial: www.editorialgusanillo.es
Impreso y encuadernado en España
Código de Depósito Legal: V-3938-2024
ISBN: 978-84-129244-4-2

MELON

Por ejemplo, sabe que si se olvida
de la mochila, no podrá almorzar ese día.

Pero también sabe que a veces mamá y papá
no le pueden poner una fruta fresca y se tiene
que conformar con un trocito de pan
y un quesito.

Elia también sabe que debe ponerse los zapatos
para no hacerse daño en los pies, aunque a veces
ponérselos le duela.

A Elia le han crecido tanto los pies que tiene
que llevar los pulgares arrugaditos para
que le quepan.

Cierra los ojos y se imagina que es un pajarito,
con sus pequeñas garritas sujetas a la rama
de un árbol.

A Elia le gustan los pájaros. Vuelan y se posan en lo alto
de los árboles cuando quieren.

Ellos están cerca de las nubes y a ella le encanta tumbarse
en el césped a buscar formas en ellas.

Sus amigos no saben hacerlo.

A veces tiene envidia de ellos
porque pueden ver la tele,

tienen muchos juguetes o juegan
con los móviles de sus familias.

Pero ellos no saben buscar formas
en las nubes.

—Mira, mami— dice Elia señalando al cielo
—¡Un conejito!

—¡Es verdad!— exclama su madre contenta mientras
aprieta su mano con dulzura.

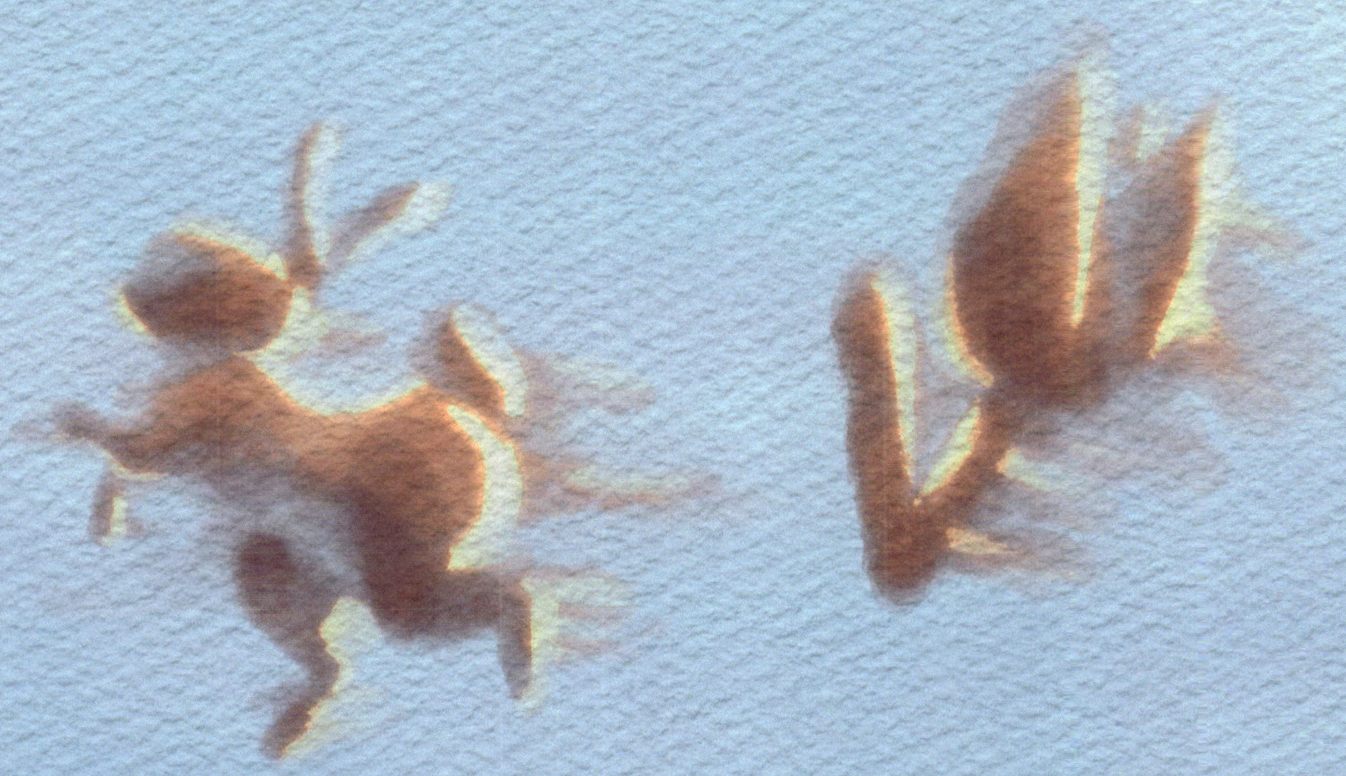

—Y mira, cariño, ¿no ves ahí una flor?
—¡Sí! ¡Parece un tulipán!

El camino al colegio es uno de los momentos
favoritos de Elia. Le encanta jugar con su madre.

Unos días chutan los pequeños frutos que caen
de los árboles; otros días intentan adivinar qué
pájaro está cantando.

Hablan y se ríen.

La voz de su mamá le hace sentir bien.

En el cole también lo pasa bien. A Elia le gusta
aprender cosas nuevas y jugar con plastilina,
con las témperas o con los juguetes de construcción.

Aprovecha cada ratito en clase para que
no se le escape nada y después poder
contárselo todo a sus papás.

Cuando llega a casa, le da un fuerte abrazo
a su papá y un beso aún más fuerte.

Después, le canta la canción del día
y no se preocupa si esa tarde ha merendado
más o menos, o si solo se toma un vaso
de leche para dormir.

Sabe que su papá y su mamá hacen todo
lo que pueden para que esté bien y Elia,
que es muy lista, ve lo mucho que se esfuerzan
por no parecer tristes delante de ella.

Pero sabe que cuando se va a la cama,
ellos hablan y se enfadan mucho porque tienen
menos de lo que necesitan.

Entiende porqué les pasa

y sabe que es normal.

Por eso, cuando se despierta, lo primero
que hace es darles un fuerte abrazo antes
de darles las **gracias** por todo lo que
hacen por ella.

Esa mañana, después de meter el dedo meñique
en un nuevo y pequeño agujerito de su pantalón,
colocar bien los deditos en los zapatos y ponerse
la mochila, Elia mira a su papá y su mamá
con una sonrisa enorme en la cara.

Ellos le devuelven la sonrisa y ella, con los ojos casi cerrados
de alegría, les dice:

—Papi, mami, no necesito tele, ni móvil,
¡ni siquiera zapatos nuevos! Solo necesito
a las nubes y a vosotros.